High G.B.S. Series

High 데살로니가전서

귀납적 방법에 의한 구역 및
대학 · 청년부 소그룹 교재

프리셉트

*서 문

프리셉트성경연구원에서는 1982년 이래로 성경연구 전문서적을 편찬해 왔고 목회자들과 교회지도자들을 하나님의 말씀으로 훈련하는 심도 있는 프리셉트성경연구 과정을 개설해 왔습니다. 한편 프리셉트는 한국교회를 효과적으로 돕기 위해서 구역, 셀, 소그룹 그리고 청년부의 조모임을 위해 다양한 종류의 G.B.S. 교재를 70여종 규모로 개발해 왔습니다. 그 종별의 특징은 다음과 같습니다.

Ⅰ. G.B.S. 교재의 종별 특징

1. High G.B.S. 시리즈
   평신도 소그룹 중 성경공부를 장기간 진행해 온 분들에게 적합하며 프리셉트 본과정에서 다루는 내용을 압축하여 정리한 내용으로서, 참여자들이 1시간 정도 예습해 올 수 있을 때 효과적으로 진행할 수 있는 교재입니다.

2. Best G.B.S. 시리즈
   이 교재는 난이도가 다양한 소그룹, 즉 초신자도 있고 성숙한 신자도 함께 소속된 소그룹에서 다룰 때 효과적인 교재입니다. 신앙의 초보자가 많은 팀에서는 문제를 선택할 수 있도록 배려한 베스트 교재입니다.

3. 쉬운 G.B.S. 시리즈

예습없이 현장에서 대화 형태의 질의응답식으로 쉽게 진행할 수 있는 교재입니다.

4. 주제별 G.B.S.

성경의 내용을 주제별로 다루고 있으며 해당 주제에 대해 성경적 세계관을 확립하는데 큰 도움을 줍니다.

5. 하나님 마음에 합한 시리즈

14가지 신앙생활에 관한 제목에 대해서 소그룹용으로 편찬한 교재로서, 쉬운 G.B.S. 교재에 비해 다루는 내용이 더 넓고 깊습니다.

6. 기타

그 외에 40분 G.B.S. 시리즈(미국 본교재 번역), 수련회용 및 주말 성경학교용 교재 등이 준비되어 있습니다.

II. 인도자를 위한 안내

1. 시작 시간을 정확히 지키십시오.
2. 성령께서 말씀의 비밀한 세계를 깨우쳐 주시도록 함께 기도하십시오.
3. 공부에 들어가기 전에 지난 주 연구에서 깨달은 점을 함께 나누면서 마음을 여는 시간을 가지십시오.
4. 인도자는 '서론'을 읽은 후 질문을 던지면서 참여자들의 활발한 발표를 유도해 나가십시오. 질문할 때에는 교재에 주어진 문제에만 국한되지

말고 다른 보충 질문들을 준비하여 이끌어 가도록 하십시오.

5. 각 문제에 적절한 시간 안배를 하여 중점적으로 다룰 문제는 충분한 토의를 하되 지엽적인 문제는 간단히 처리하십시오.
6. 매 과를 인도한 후에는 다음의 평가 항목을 참고하여 스스로 자기 평가를 하십시오.
7. 인도자로서 좀 더 깊이 성경을 배우고자 하는 분들은 프리셉트 성경연구 과정에 참여하여 도움을 받으십시오.
   (문의: 02-588-2218)

Ⅲ. 평가항목

1. 보조 질문은 좋았는가? 명확하고 간략했는가? 본문과 본질적인 문제에 충실했는가? 깊은 통찰과 적절한 적용을 이끌어냈는가?
2. 참여자의 발표를 잘 유도하고 격려했는가?
3. 너무 말을 많이 하거나 적게 하지는 않았는가?
4. 충분히 준비하였는가?
5. 본문에서 동떨어지게 벗어난 방향으로 토의가 진행되지는 않았는가?
6. 시간은 잘 지켰는가?

Ⅳ. 본 교재에 대하여

데살로니가전서는 종말에 관한 그리스도인의 삶에 바른 해답을 제공합니다. 예수님의 재림은 고난받는 성도들에게 큰 위로가 됩니다.

예수님의 재림이 언제인지, 그 시기와 방법은 어떤 것인지 우리는 알 수가 없습니다. 그러나 우리는 종말을 사는 성도들의 삶이 소망을 품고 하나님 나라를 기다려야 하는 것임을 알아야 합니다. 데살로니가전서는 종말을 사는 성도의 삶을 보여줍니다.

이 책을 공부하는 동안 당신은 그리스도인의 삶에 대해 진지하게 고민하는 시간을 갖게 될 것입니다. 데살로니가전서로 구성된 본 High G.B.S.를 통해 견고한 신앙의 기반을 구축하고, 위대하신 하나님을 온 심령으로 찬양하는 기쁨을 누리시기 바랍니다.

프리셉트성경연구원

원장 김경섭

*본서는 1995년 12월 15일 초판 발행되었으며, 금번에 새로운 디자인, 깔끔한 본문 편집으로 새롭게 개정하여 출간하게 되었습니다. 본문은 개역개정 성경을 인용하였습니다.

차 례

데살로니가교회 설립 배경 1

■ 본문 : 사도행전 17:1–15 ■ 요절 : 사도행전 17:3

"뜻을 풀어 그리스도가 해를 받고 죽은 자 가운데서 다시 살아나야 할 것을
증언하고 이르되 내가 너희에게 전하는 이 예수가 곧 그리스도라 하니"

1 그들이 암비볼리와 아볼로니아로 다녀가 데살로니가에 이르니 거기 유
대인의 회당이 있는지라 **2** 바울이 자기의 관례대로 그들에게로 들어가서
세 안식일에 성경을 가지고 강론하며 **3** 뜻을 풀어 그리스도가 해를 받고
죽은 자 가운데서 다시 살아나야 할 것을 증언하고 이르되 내가 너희에게
전하는 이 예수가 곧 그리스도라 하니 **4** 그 중의 어떤 사람 곧 경건한 헬
라인의 큰 무리와 적지 않은 귀부인도 권함을 받고 바울과 실라를 따르나
5 그러나 유대인들은 시기하여 저자의 어떤 불량한 사람들을 데리고 떼를
지어 성을 소동하게 하여 야손의 집에 침입하여 그들을 백성에게 끌어내
려고 찾았으나 **6** 발견하지 못하매 야손과 몇 형제들을 끌고 읍장들 앞에
가서 소리 질러 이르되 천하를 어지럽게 하던 이 사람들이 여기도 이르매
7 야손이 그들을 맞아 들였도다 이 사람들이 다 가이사의 명을 거역하여
말하되 다른 임금 곧 예수라 하는 이가 있다 하더이다 하니 **8** 무리와 읍장
들이 이 말을 듣고 소동하여 **9** 야손과 그 나머지 사람들에게 보석금을 받

고 놓아 주니라 **10** 밤에 형제들이 곧 바울과 실라를 베뢰아로 보내니 그
들이 이르러 유대인의 회당에 들어가니라 **11** 베뢰아에 있는 사람들은 데
살로니가에 있는 사람들보다 더 너그러워서 간절한 마음으로 말씀을 받고
이것이 그러한가 하여 날마다 성경을 상고하므로 **12** 그 중에 믿는 사람이
많고 또 헬라의 귀부인과 남자가 적지 아니하나 **13** 데살로니가에 있는 유
대인들은 바울이 하나님의 말씀을 베뢰아에서도 전하는 줄을 알고 거기도
가서 무리를 움직여 소동하게 하거늘 **14** 형제들이 곧 바울을 내보내어 바
다까지 가게 하되 실라와 디모데는 아직 거기 머물더라 **15** 바울을 인도하
는 사람들이 그를 데리고 아덴까지 이르러 그에게서 실라와 디모데를 자
기에게로 속히 오게 하라는 명령을 받고 떠나니라

▫ 서론

여러분이 섬기는 교회는 어떻게 설립되었습니까? 그 교회를 개척한 그리스도인들의 수고를 기억하십니까? 데살로니가 도시에 교회가 설립되기까지는 바울 일행의 헌신이 있었습니다. 그리고 데살로니가 그리스도인들이 주변의 모든 사람들에게 본이 될 수 있었던 것은 그들이 바울 일행과 주님을 본받았기 때문입니다.

기억하십시오. 바른 본을 본받지 않는 사람은 바른 본을 보여줄 수 없습니다. 이것이 성경의 원리입니다. '본을 받고 본이 되는 삶'은 "가서…제자를 삼으라…"(마 28:19)는 주님의 명령을 실천하는 삶입니다. 데살로니가전서는 전도와 제자양육에 대해 실제적인 도움을 주는 서신입니다.

이 말씀에 관심을 갖고 배우고자 한다면 여러분은 참된 제자의 삶을 본받게 되고 또한 여러분 자신이 다른 사람들의 본이 될 것입니다.

▣ 본문관찰 및 토의

1. 성경의 진리를 온전히 이해하기 위해서는 당시의 역사와 문화적 배경을 알아야 합니다. 데살로니가전서의 배경 연구부터 시작하십시오.

2. 아시아권 복음화를 위한 제1차 전도여행을 마친 후, "바울과 바나바"는 "바울과 실라", "바나바와 마가"로 전도팀을 개편하여 제2차 전도여행을 떠났습니다(행 15:35-41). 바울 일행은 제2차 전도여행 기간 중 성령의 인도하심에 의해 전도 지역을 아시아에서 유럽권으로 변경하게 되었습니다. 그들이 도착한 곳은 현재 그리스 반도 북부 지역인 마게도냐의 첫 성 빌립보였습니다(행 16:1-40). 바울 일행은 이곳에서 귀신들린 여종을 온전케 하는 일로 인해 고난과 능욕을 당하고 감옥에 갇히게 되었습니다. 그러나 하나님께서 지진을 일으키심으로 출옥하게 되었습니다. 그들이 출옥한 직후에 복음을 증거한 도시가 바로 '데살로니가'입니다.

3. 사도행전 15:36-16:10을 읽어보십시오. 데살로니가에 교회가 어떻게 세워지게 되었는지를 좀 더 잘 이해하게 될 것입니다.

사도행전 15:36-16:10

36며칠 후에 바울이 바나바더러 말하되 우리가 주의 말씀을 전한 각
성으로 다시 가서 형제들이 어떠한가 방문하자 하고 37바나바는 마
가라 하는 요한도 데리고 가고자 하나 38바울은 밤빌리아에서 자기
들을 떠나 함께 일하러 가지 아니한 자를 데리고 가는 것이 옳지 않
다 하여 39서로 심히 다투어 피차 갈라서니 바나바는 마가를 데리고
배 타고 구브로로 가고 40바울은 실라를 택한 후에 형제들에게 주의
은혜에 부탁함을 받고 떠나 41수리아와 길리기아로 다니며 교회들
을 견고하게 하니라 16:1바울이 더베와 루스드라에도 이르매 거기 디
모데라 하는 제자가 있으니 그 어머니는 믿는 유대 여자요 아버지는
헬라인이라 2디모데는 루스드라와 이고니온에 있는 형제들에게 칭
찬 받는 자니 3바울이 그를 데리고 떠나고자 할새 그 지역에 있는 유
대인으로 말미암아 그를 데려다가 할례를 행하니 이는 그 사람들이
그의 아버지는 헬라인인 줄 다 앎이러라 4여러 성으로 다녀 갈 때에
예루살렘에 있는 사도와 장로들이 작정한 규례를 그들에게 주어 지
키게 하니 5이에 여러 교회가 믿음이 더 굳건해지고 수가 날마다 늘
어가니라 6성령이 아시아에서 말씀을 전하지 못하게 하시거늘 그들
이 브루기아와 갈라디아 땅으로 다녀가 7무시아 앞에 이르러 비두니
아로 가고자 애쓰되 예수의 영이 허락하지 아니하시는지라 8무시아
를 지나 드로아로 내려갔는데 9밤에 환상이 바울에게 보이니 마게도
냐 사람 하나가 서서 그에게 청하여 이르되 마게도냐로 건너와서 우
리를 도우라 하거늘 10바울이 그 환상을 보았을 때 우리가 곧 마게도
냐로 떠나기를 힘쓰니 이는 하나님이 저 사람들에게 복음을 전하라
고 우리를 부르신 줄로 인정함이러라

데살로니가에 복음이 들어오기까지 (행 15:36-41)

1) 바울의 제2차 전도여행의 목적은 무엇입니까?(행 15:36)

2) 바울과 바나바가 갈등하게 된 원인은 무엇입니까?(행 15:38)

3) 사역을 진행하면서 갈등이 생길 때 바울과 바나바는 어떻게 해결했습니까?(행 15:39-41) 그들의 문제해결 방법에서 개선해야 할 점은 무엇입니까?

4) 바울은 이러한 문제 속에서도 수리아와 길리기아(행 15:41), 그리고 더베와 루스드라(행 16:1)를 다녀 갔으며, 빌립보교회(행 16:12-40)와 데살로니가교회(행 17:1-10)를 개척했습니다.

여러분은 문제가 있을 때에도 복음사역을 위하여 중단없이 전진합니까? 복음 사역을 위한 당신의 헌신을 가로막는 요소는 무엇입니까?

드디어 데살로니가에 복음이 들어오다

1) 데살로니가에 도착한 바울은 먼저 유대인의 회당을 찾아갔습니다. 그곳에서 증거한 복음의 내용은 무엇입니까?(행 17:2-3)

2) 데살로니가인들이 복음을 받을 때 무슨 일이 있었습니까?(행 17:4-9)

3) 여러분은 말씀을 듣고 묵상할 때 어떤 자세를 취하고 있습니까? 베뢰아에 있는 사람들은 데살로니가에 있는 사람들과 어떻게 달랐습니까?(행 17:11-12)

4. 바울 일행이 전한 복음의 내용과 그들의 자세에서 배울 점은 무엇입니까? 여러분이 가정생활과 직장생활 그리고 교회생활에서 그리스도를 보여주기 위하여 할 수 있는 것을 구체적으로 기록해보십시오.

●메 시 지●

사랑하는 여러분, 여러분은 때를 얻든지 못 얻든지 복음을 전하는 일에 힘쓰고 있습니까? 혹시 용기가 없거나, 복음을 전하다가 당하는 고통때문에 포기하고 있지는 않습니까? 바울 일행이 역경과 고난 속에서도 복음 증거를 포기하지 않은 이유를 아십니까? 그것은 복음이 '생명의 소식'이기 때문입니다. 죽어 있는 영혼들에게 필요한 것은 오직 '예수 그리스도의 십자가'입니다.

바울은 사단의 권세 아래서 종노릇하는 데살로니가인들에게 생명의 복음을 증거했습니다. 바울이 데살로니가에서 복음을 전했을 때 무슨 일이 일어났습니까? 데살로니가 도시에는 상당히 큰 유대인 공동체가 있었습니다. 바울이 성경에 약속된 그리스도의 죽음과 부활을 전했을 때 그들은 그것을 반박하며 대소동을 일으켰습니다. 당시 유대인들은 로마 식민지 생활에서 그들을 구원해 줄 메시야를 기다리고 있었기 때문입니다. 그들은 과거에 모세나 다윗과 같이 이스라엘의 주권을 회복시켜 줄 위대한 메시야를 고대했습니다.

그 상황 속에서 "나사렛 예수야말로 진정한 약속된 메시야"라는 선포는 (행 17:3) 그들에게 너무나 큰 충격이었습니다. 왜냐하면 예수는 무기력하게 십자가에 처형되어 죽은 자에 불과했기 때문입니다. 따라서 복음을 들은 사람들의 반응은 "받아들임"과 "거부"로 나타났습니다. 이러한 사실은 복음을 증거할 때 기쁨과 고난이 동시에 일어날 수 있음을 보여줍니다. 복음을 듣는 대부분의 사람들은 종교 습관과 선입견 속에서 복음을 무시하고 멸시할 것입니다. 그러나 용기를 잃어서는 안 됩니다. 성령님께서 하나님의 택하심을 입은 사람들의 마음을 아시기 때문입니다.

이제 자신을 돌아보십시오. 데살로니가 성도들이 신앙을 끝까지 유지하지 못한 이유는 무엇입니까? 그들은 비난과 박해 속에서도 기쁨으로 신앙을 지켰던 사람들이었습니다. 그런데 그들이 고대하고 있던 주의 재림이 지체되는 느낌을 받자 처음에 품었던 재림에 대한 소망이 다소 흔들린 것입니다(살전 4:13-18). 데살로니가 성도들의 취약점은 베뢰아에 있는 사람과 비교해 볼 때 말씀을 대하는 자세에서 차이가 있었습니다.

> "베뢰아에 있는 사람들은 데살로니가에 있는 사람들보다 더 너그러워서 간절한 마음으로 말씀을 받고 이것이 그러한가 하여 날마다 성경을 상고하므로"(행 17:11).

데살로니가인들의 문제는 이미 들은 말씀에 대해 묵상을 게을리하거나 무관심했다는 데 있었습니다. 견고한 믿음을 소유하는 것은 말씀을 반복적으로 연구하고 묵상할 때 가능합니다. 성경 연구가 여러분의 영혼에 유익을 줄 것입니다.

본이 되는 그리스도인 2

■ 본문 : 데살로니가전서 1:1–10 ■ 요절 : 데살로니가전서 1:6–7

"또 너희는 많은 환난 가운데서 성령의 기쁨으로 말씀을 받아 우리와 주를 본받은 자가 되었으니 그러므로 너희가 마게도냐와 아가야에 있는 모든 믿는 자의 본이 되었느니라"

1 바울과 실루아노와 디모데는 하나님 아버지와 주 예수 그리스도 안에
있는 데살로니가인의 교회에 편지하노니 은혜와 평강이 너희에게 있을지
어다 **2** 우리가 너희 모두로 말미암아 항상 하나님께 감사하며 기도할 때
에 너희를 기억함은 **3** 너희의 믿음의 역사와 사랑의 수고와 우리 주 예수
그리스도에 대한 소망의 인내를 우리 하나님 아버지 앞에서 끊임없이 기
억함이니 **4** 하나님의 사랑하심을 받은 형제들아 너희를 택하심을 아노라
5 이는 우리 복음이 너희에게 말로만 이른 것이 아니라 또한 능력과 성령
과 큰 확신으로 된 것임이라 우리가 너희 가운데서 너희를 위하여 어떤 사
람이 된 것은 너희가 아는 바와 같으니라 **6** 또 너희는 많은 환난 가운데서
성령의 기쁨으로 말씀을 받아 우리와 주를 본받은 자가 되었으니 **7** 그러
므로 너희가 마게도냐와 아가야에 있는 모든 믿는 자의 본이 되었느니라
8 주의 말씀이 너희에게로부터 마게도냐와 아가야에만 들릴 뿐 아니라 하
나님을 향하는 너희 믿음의 소문이 각처에 퍼졌으므로 우리는 아무 말도

할 것이 없노라 **9** 그들이 우리에 대하여 스스로 말하기를 우리가 어떻게
너희 가운데에 들어갔는지와 너희가 어떻게 우상을 버리고 하나님께로 돌
아와서 살아 계시고 참되신 하나님을 섬기는지와 **10** 또 죽은 자들 가운데
서 다시 살리신 그의 아들이 하늘로부터 강림하실 것을 너희가 어떻게 기
다리는지를 말하니 이는 장래의 노하심에서 우리를 건지시는 예수시니라

▫ 서론

진정한 믿음은 삶으로 나타나야 합니다. 이것이 성경의 원리입니다. "그리스도를 믿는다"고 고백하는 사람들은 말씀에 순종하는 삶의 모습으로써 그 고백을 증명할 수 있어야 합니다. 여러분은 예수 그리스도를 영접하셨습니까? 여러분이 경험한 회심을 사람들에게 어떻게 보여줄 수 있습니까? 예수 그리스도로 인하여 여러분의 삶은 어떤 변화를 받았습니까? 여러분이 믿음이 주위에 있는 그리스도인들에게 본이 되고 있습니까? 데살로니가전서 1장은 여러분의 믿음을 점검해 줄 것입니다. 사람들은 저마다 하나님을 믿고 사랑한다고 말하지만 그들의 믿음이 진정한 믿음인지 아닌지를 시험할 수 있는 표준이 데살로니가전서 1장에 기록된 "회심의 본"입니다.

▣ 본문관찰 및 토의

1. 하나님께서는 데살로니가전서 1장을 통하여 우리에게 "본이 되는 회심"을 알려주십니다. "본"이라는 단어는 "뛰어난 것", "주목하거나 따라야 할 가치가 있는 모범, 패턴으로 삼을 수 있는 것" 등을 뜻합니다. 기도하는 마음으로 주의 깊게 1장을 읽으십시오. 연구를 통해 여러분은 "진정한 회심"을 발견하게 될 것입니다.

   1) 저자와 수신자는 누구입니까?(1절)

   ____

   ____

   ____

   2) 바울은 데살로니가인들에게 무엇을 칭찬하고 있습니까?(3절)

   a. 믿음의 역사

   ____

   b. ______________________________

   ____

   c. ______________________________

   ____

2. 사랑하는 여러분! "믿음의 역사", "수고하는 사랑", "인내하는 소망"은 여러분의 회심을 점검해 줄 수 있는 표준입니다. 바울은 진정한 믿음은 선한 행위를 보여준다고 가르칩니다. 이 세 가지의 표준이 데살로니가인들의 삶에서 어떻게 나타났는지 살펴보겠습니다.

1) 데살로니가에 있는 사람들에게 복음이 어떻게 전해졌습니까? 데살로니가전서 1:5을 주의 깊게 묵상하면 복음이 전파되는 과정에서 있었던 다섯 가지 요소들을 발견할 수 있습니다. 이 다섯 가지 요소를 기록해보십시오.

a. 말 ________________

b. ________________

c. ________________

d. ________________

e. 바울 일행의 본 ________________

2) 여러분은 1장을 묵상하면서 복음이 어떻게 전파되었는지를 알았습니다. 이제는 "본을 받고 본이 되는 원리" 속에서 복음이 전파되는 과정을 살펴보겠습니다.

a. 데살로니가인들이 회심할 때 본받았던 대상은 누구입니까?(6절)

____

____

b. 데살로니가인들은 어떤 사람들에게 회심의 본이 되었습니까?(7절)

3) 각 처에 소문이 퍼진 데살로니가인들의 회심의 증거는 그들이 참된 그리스도인이라는 증거를 보여줍니다. 이것은 바울이 언급했던 것처럼 하나님의 택하심을 입은 자의 특징이기도 합니다. 데살로니가인들이 복음을 받기 전의 모습과 복음을 받은 후 외적으로 변화된 삶의 모습을 직접 확인해보십시오.

a. 복음을 받기 전의 모습을 살펴보십시오. 하나님은 우상과 어떻게 대조됩니까?(9절)

b. 복음을 받은 후 외적으로 변화된 삶의 모습은 어떠합니까?(6-8절)

c. 데살로니가인들이 어려움을 인내할 수 있는 소망은 무엇입니까?(10절)

3. 다음의 질문에 답하면서 여러분이 배운 바를 삶에 적용해보는 시간을 가지십시오.

1) 여러분은 예수 그리스도를 영접했습니까?

2) 여러분은 누구로부터 신앙의 본을 받았습니까?

3) 여러분은 하나님께로 돌아왔습니까? 그동안 여러분의 마음을 하나님으로부터 빼앗아갔던 우상은 어떤 것이었습니까? 그 우상들을 어떻게 버렸습니까?

4) 복음을 받은 후에 변화된 삶의 모습들을 구체적으로 기록해보십시오.

5) 여러분은 주님을 섬기고 있습니까? 어떻게 섬기고 있습니까?

6) 여러분은 예수 그리스도의 재림을 기다리고 있습니까? 주의 재림을 기다리는 벅찬 소망이 여러분의 삶 속에서 어떤 모습으로 나타나고 있습니까?

메 시 지

우리에게 두려운 사실 한 가지가 있습니다. 그것은 교회 안에도 단지 이름뿐인 그리스도인이 있다는 것입니다. 그들은 신앙의 연수를 자랑하며 모태신앙과 조상적부터 내려온 신앙의 가문을 최고의 자랑으로 삼고 있습니다. 그러나 교회에 출석한 횟수가 오래되고 중요한 직책에 앉아 있다 하더라도 구원받지 못할 수 있습니다.

그러면 어떤 사람이 참된 그리스도인이라고 불려질 수 있을까요? 우리가 연구한 데살로니가전서 1장은 "회심의 본"에 관하여 보여주고 있습니다. 4절을 보면 바울은 그들을 향하여 "하나님의 사랑하심을 받은 형제들아 너희를 택하심을 아노라"고 했습니다. 바울은 어떤 근거로 데살로니가인들이 구원받은 것을 확신했을까요? 그는 데살로니가인들의 믿음에 따른 삶의 변화를 보고 그 확신을 얻었습니다. 데살로니가인들의 회심의 모습은 세 가지 면에서 잘 나타나고 있습니다.

첫째, 그리스도를 믿은 후에 그들에게는 신앙적 결단이 있었습니다(9절). 본래 그들은 어린 시절부터 우상을 숭배하는 분위기에서 살아왔던 사람들입니다. 그들에게 있어서 우상은 의지의 대상이요, 삶의 최우선 자리에 두고 섬겼던 신이었습니다. 그러나 그들이 복음을 접한 후에는 그들이 섬겼던 우상이 말하지도 듣지도 못하는 비실재라는 사실을 깨달았습니다. 그래서 그들은 우상으로부터 등을 돌림으로 자신들의 참된 믿음을 보여주었습니다.

진정한 회개는 그들과 같이 과거에 알지 못하고 지었던 죄를 복음 안에서 발견하는 것입니다. 또한 죄를 고백하고, 부끄럽게 여기고, 그 죄에서 돌이키는 것이 그리스도를 믿는 참다운 증거입니다.

둘째, 그들에게는 회개에 합당한 생활이 있었습니다(9절). 그들은 죄된 삶을 끊어버리고 하나님께로 돌아와서 사시고 참되신 하나님을 섬겼습니다. 이것이 바로 데살로니가인들이 그리스도인이 된 후에 보여준 회개에 합당한 삶입니다. 거짓된 회개는 과거의 죄에서 떠날 것을 고백한 후에도 하나님께로 돌아가지 않거나 하나님을 전적으로 신뢰하지 않는 것입니다. 중요한 사실은 죄를 고백하는 것으로써 신앙생활을 다했다고 생각해서는 안된다는 것입니다. 참된 그리스도인은 세상으로 향했던 마음이 하나님께로 고정되고, 매사에 하나님이 원하시는 일에 초점을 맞추는 삶의 자세가 있는 사람입니다.

셋째, 그들에게는 긴장되고 준비된 삶의 자세가 있었습니다(10절). 그것은 바로 "재림의 신앙"입니다. 그들이 겪고 있었던 어려움과 박해를 용맹스런 군인처럼 버텨낼 수 있었던 것은 주 예수 그리스도를 향한 견고한 소망때문이었습니다. 그들의 삶의 푯대는 예수 그리스도였습니다. 여러분의 삶의 목표는 무엇입니까? 그리스도 때문에 죄를 미워하십니까? 아직도 포기하지 않은 우상이 있습니까? 버리십시오. 하나님만 섬기십시오. 진정한 삶의 변화를 보이십시오. 이것이야말로 참된 믿음을 보여주는 증거입니다.

본이 되는 지도자의 삶 3

■ 본문 : 데살로니가전서 2:1-12 ■ 요절 : 데살로니가전서 2:10

"우리가 너희 믿는 자들을 향하여 어떻게 거룩하고 옳고 흠 없이
행하였는지에 대하여 너희가 증인이요 하나님도 그러하시도다"

1 형제들아 우리가 너희 가운데 들어간 것이 헛되지 않은 줄을 너희가 친
히 아나니 **2** 너희가 아는 바와 같이 우리가 먼저 빌립보에서 고난과 능욕
을 당하였으나 우리 하나님을 힘입어 많은 싸움 중에 하나님의 복음을 너
희에게 전하였노라 **3** 우리의 권면은 간사함이나 부정에서 난 것이 아니요
속임수로 하는 것도 아니라 **4** 오직 하나님께 옳게 여기심을 입어 복음을
위탁 받았으니 우리가 이와 같이 말함은 사람을 기쁘게 하려 함이 아니요
오직 우리 마음을 감찰하시는 하나님을 기쁘시게 하려 함이라 **5** 너희도
알거니와 우리가 아무 때에도 아첨하는 말이나 탐심의 탈을 쓰지 아니한
것을 하나님이 증언하시느니라 **6** 또한 우리는 너희에게서든지 다른 이에
게서든지 사람에게서는 영광을 구하지 아니하였노라 **7** 우리는 그리스도
의 사도로서 마땅히 권위를 주장할 수 있으나 도리어 너희 가운데서 유순
한 자가 되어 유모가 자기 자녀를 기름과 같이 하였으니 **8** 우리가 이같이
너희를 사모하여 하나님의 복음뿐 아니라 우리의 목숨까지도 너희에게 주

기를 기뻐함은 너희가 우리의 사랑하는 자 됨이라 **9** 형제들아 우리의 수
고와 애쓴 것을 너희가 기억하리니 너희 아무에게도 폐를 끼치지 아니하
려고 밤낮으로 일하면서 너희에게 하나님의 복음을 전하였노라 **10** 우리
가 너희 믿는 자들을 향하여 어떻게 거룩하고 옳고 흠 없이 행하였는지에
대하여 너희가 증인이요 하나님도 그러하시도다 **11** 너희도 아는 바와 같
이 우리가 너희 각 사람에게 아버지가 자기 자녀에게 하듯 권면하고 위로
하고 경계하노니 **12** 이는 너희를 부르사 자기 나라와 영광에 이르게 하시
는 하나님께 합당히 행하게 하려 함이라

▫ 서론

사랑하는 여러분, 세계 복음화를 위한 하나님의 전략이 무엇인지 알고 있습니까? 놀라지 마십시오. 그분은 아주 작고 평범한 방법을 사용하십니다. 우리의 눈에는 더디게 보일지라도 하나님은 세계 복음화를 위하여 바로 여러분의 삶을 사용하십니다.

여러분이 기독교인으로서 어떻게 사느냐가 세계 복음화 혹은 민족 복음화 그리고 가정 복음화에 지대한 영향을 끼친다는 사실입니다. 믿기가 어렵습니까? 우리 사회에는 많은 기독교인들이 있다고 자랑하지만 사실상 참다운 신앙인은 부족합니다. 왜 그렇습니까? 지도자들이 말로만 말씀을 가르치기 때문입니다. 성경을 공부하는 사람들이 지적인 만족으로만 끝나기 때문입니다. 하나님께서 성경을 가르치는 자나 배우는 자에게 요구하시는 것은 "말씀대로 사랑하느냐?", "말씀대로 정직하게 사느냐?", "말씀대로 충성하느냐?"입니다.

여러분은 데살로니가전서 2장을 통하여 신실한 지도자였던 바울의 모습 속에서 진정한 기독교인의 삶을 배우게 될 것입니다. 하나님을 기쁘시게 하는 방법으로 복음을 전하는 바울의 본을 본받게 될 것입니다.

▣ 본문관찰 및 토의

1. 먼저 여러분의 생각을 점검하는 시간입니다. 여러분이 전도하는 목적은 무엇입니까? 여러분이 전도하는 방법은 전도의 목적을 달성하는 데 어떻게 도움을 주고 있습니까? 여러분이 생각하는 전도의 방법이 하나님을 기쁘시게 하는 방법이라고 생각합니까?

2. 데살로니가전서 2:1-12에서 바울이 데살로니가에 있는 사람들에게 복음을 전한 목적을 찾아보십시오.

복음 전도의 동기

1) 바울이 빌립보와 데살로니가에서 복음을 전할 때의 상황은 어떠했습니까? 그들이 그 상황을 이길 수 있었던 이유는 무엇입니까? (1-2절)

2) 복음에 관해 바울이 변호하는 말들을 깊이 묵상해보십시오. 당시의 상황을 어떻게 추측할 수 있습니까?(3-4절)

3) 하나님의 일꾼들이 가져야 할 자세는 무엇입니까? 바울 일행이 가진 복음 전도의 목적은 무엇입니까?(3-4절)

여러분은 다른 사람들로부터 정직과 성실에 대해서 의심 받은 적이 있습니까? 고통스러운 경험이었지요? 바울 역시 그러한 일들을 겪었습니다. 당시에는 더러운 이익을 얻기 위해 자기들의 메시지를 전한 많은 철학자들이 있었습니다. 바울도 이러한 이유로 고소 당했기 때문에, 그는 하나님의 나라를 위하여 자신의 사역을 방어합니다. 어쨌든 바울이 사역의 동기를 의심받았던 이 사건이 오늘날의 우리들에게 하나님의 일을 하는 동기를 돌아보게 하는 도구로 사용된 것입니다. 복음과 관련된 모든 하나님의 일을 할 때 여러분은 자신의 동기를 정직하게 점검해 보아야 합니다.

4) 여러분은 하나님의 일을 위해 어떤 봉사를 하고 있습니까? 어떤 목적으로 봉사를 시작했습니까? 데살로니가전서 2:4에서 보여주는 바울의 복음 전도의 동기는 여러분에게 어떤 도전을 줍니까? 여러분의 생각 중에서 고쳐야 할 부분은 없습니까? 정직하게 기록해보십시오.

복음 사역자의 자세

1) 바울이 보여준 "지도자의 자세"는 무엇입니까?(6–10절)

6절 : 리더의 권리를 남용하지 않는 자세

7절 :

8절 :

9절 :

10절 : 거룩한 삶, 정직한 삶, 흠없는 삶의 본이 됨

2) 바울이 아비의 심정으로 각 사람을 양육하면서 사용한 세 가지 방법은 무엇입니까?(11절)

① 권 면 ② ________ ③ 경 계

3) 바울이 사람들을 양육함에 있어서 최종적인 목표는 무엇입니까? (12절)

3. 여러분이 자녀들이나 구역원들, 후배들을 신앙적으로 도울 때 어떤 점이 부족했습니까? 바울이 보여주었던 "참된 지도자의 모습"은 여러분에게 어떤 도움을 줍니까?

4. 바울이 보여주었던 "참된 지도자의 모습"을 공부하면서 그동안 다른 사람들을 도왔던 경험이 적어서 당황하지는 않았습니까? 혹시 나와는 상관이 없다고 생각하지는 않았습니까? 아직도 여러분의 손길이 필요한 형제나 자매가 많다는 사실을 기억하십시오. 여러분이 앞으로 신앙적인 부분을 돕고자 하는 사람들의 이름을 생각해보십시오. 그 대상은 가족일 수도 있고 직장에서 알게 된 사람이나 학교 친구일 수도 있습니다.

5. 이제 여러분의 도움이 필요한 대상을 기록하십시오. 그리고 오늘 배운 바에 따라 그들에 대한 마음 자세와 감당해야 할 역할을 기록해보십시오.

●메 시 지●

예수님께서 하늘로 승천하시기 전에 제자들에게 이런 부탁의 말씀을 남기셨습니다. "그러므로 너희는 가서 모든 족속으로 제자를 삼으라"(마 28:19).

이것은 모든 그리스도인이 세계 구원에 대한 주님의 계획을 실행해야 할 의무가 있음을 말합니다. 두려움이 앞섭니까? 염려하지 마십시오. 예수님의 명령은 여러분이 처한 환경 속에서 감당할 수 있도록 되어 있습니다. 오늘 연구한 데살로니가전서 2:1-12에 나오는 원리들에 순종하기만 하면 됩니다.

첫째, 복음과 관련된 하나님의 일을 시작할 때에는 그 동기가 순수해야 합니다(1-5절). 하나님의 일이라는 미명하에 자신의 명예나 인기를 얻기 위해 혹은 체면 유지를 위해 주의 일을 하는 사람들이 있습니다. 바울 당시의 철학자들처럼 더러운 이익을 얻으려는 동기에서 주의 일을 하는 사람들입니다. 바울이 복음 사역을 한 동기는 하나님을 기쁘시게 하는 것이었습니다. 사람으로부터의 기쁨이나 인정받기를 구하지 않았다는 것입니다.

둘째, 겸손과 사랑입니다(6-9절). 이것은 주의 일을 감당하는 지도자의 인격적인 자질입니다. 바울은 사도의 권위로 억압하기보다 어머니와 같은 사랑으로 가르친 지도자였습니다. 일에 대한 강요보다 자신의 모범된 삶으로 가르친 스승이었습니다. 누군가를 가르치고 양육하는 위치에 있는 사람은 지도할 수 있는 권위때문에 우쭐거려서는 안 됩니다. 겸손하게 연약한 지체를 섬길 때 지도자의 권위는 더욱 견고히 세워질 것입니다.

셋째, 본이 되는 삶을 사는 것과 여러가지 방법으로 가르치는 것입니다(10-11절). 여러분은 본이 되는 삶을 살아야 합니다. 그러나 이것만으로는 부족합니다. 잘못된 생활습관을 고집하는 사람에게는 때때로 직접 만나서 진지하게 권면을 해야 합니다. 그러나 연약하여 실패를 반복하는 사람들에게는 용기와 위로가 필요합니다. 또한 불순종을 거듭했을 때 겪게 되는 결과에 대해서도 경계해야 합니다. 이처럼 다른 사람들의 신앙을 도울 때는 상황에 따라 그 방법을 달리해야 합니다.

마지막 원리는 여러분이 돕는 지체를 향해 영적인 목표를 갖는 것입니다(12절). 만약 이 원리를 놓치게 된다면 여러분은 그들을 여러분의 제자로만 만들게 될 것입니다. 여러분이 다른 사람들을 가르치거나 돕는 목표는 하나님 앞에 합당히 행하도록 하는 것입니다. "성숙한 그리스도인"이 되도록 돕는 것은 교회가 지향해야 할 영적 목표입니다.

진정한 제자의 삶

4

■ 본문 : 데살로니가전서 2:13-20 ■ 요절 : 데살로니가전서 2:20

"너희는 우리의 영광이요 기쁨이니라"

13 이러므로 우리가 하나님께 끊임없이 감사함은 너희가 우리에게 들은
바 하나님의 말씀을 받을 때에 사람의 말로 받지 아니하고 하나님의 말씀
으로 받음이니 진실로 그러하도다 이 말씀이 또한 너희 믿는 자 가운데에
서 역사하느니라 **14** 형제들아 너희가 그리스도 예수 안에서 유대에 있는
하나님의 교회들을 본받은 자 되었으니 그들이 유대인들에게 고난을 받음
과 같이 너희도 너희 동족에게서 동일한 고난을 받았느니라 **15** 유대인은
주 예수와 선지자들을 죽이고 우리를 쫓아내고 하나님을 기쁘시게 하지
아니하고 모든 사람에게 대적이 되어 **16** 우리가 이방인에게 말하여 구원
받게 함을 그들이 금하여 자기 죄를 항상 채우매 노하심이 끝까지 그들에
게 임하였느니라 **17** 형제들아 우리가 잠시 너희를 떠난 것은 얼굴이요 마
음은 아니니 너희 얼굴 보기를 열정으로 더욱 힘썼노라 **18** 그러므로 나 바
울은 한번 두번 너희에게 가고자 하였으나 사탄이 우리를 막았도다 **19** 우
리의 소망이나 기쁨이나 자랑의 면류관이 무엇이냐 그가 강림하실 때 우
리 주 예수 앞에 너희가 아니냐 **20** 너희는 우리의 영광이요 기쁨이니라

▫ 서론

진정한 제자란 스승의 가르침과 삶을 그대로 모방하는 사람입니다. 그러므로 결과적으로 스승이 겪은 기쁨과 고난을 동일하게 경험한 자만이 진정한 제자로 인정받을 수 있습니다. 그리스도의 진정한 제자란 무엇입니까? 오직 그리스도의 삶과 가르침을 그대로 본받는 것을 의미합니다. 즉 그리스도의 괴로움과 고난에 동참하는 것을 말합니다.

그리스도와 함께 고난을 받았은즉(받았으므로) 영광도 그리스도와 함께 받을 것을(받게 될 것을) 뜻합니다. 바울의 인생 목표는 그리스도를 그대로 닮는 것이었습니다. 그는 그리스도의 제자로서의 삶을 살았습니다. 그리스도가 당했던 것과 같이 그도 버림받음과 죽음을 당했습니다.

그리스도인이 된다는 것은 그리스도를 전적으로 따른다는 것에 동의함을 의미합니다. 즉 그리스도의 제자가 되겠다는 선언입니다. 따라서 그리스도를 따르는 모든 신자들은 어떤 형태로든지 그리스도를 위한 고난을 당하게 됩니다. 오늘 연구하는 말씀 속에서도 진정한 제자의 삶을 사는 사람들의 모습을 발견하게 될 것입니다.

▣ 본문관찰 및 토의

고난당하는 그리스도인들을 위하여

어려움에 처해 있는 그리스도인들을 어떻게 위로할 수 있습니까? 여러분은 그들에게 이렇게 격려합니까? "형제 자매여! 어려움 때문에 삶을 포기하지 마십시오!" 왜 이런 격려가 필요합니까? 그리스도인은 모든 생활이 사단과 죄의 권세로부터 자유롭게 되었지만 아직도 남아 있는 싸움이 있기 때문입니다. 여러분도 아직 남아 있는 죄의 습관과 싸워야 합니다. 또한 그리스도의 복음을 증거하는 삶을 살 때 당하게 되는 어려움과도 싸워야 합니다. 그리스도 때문에 고난이 있다는 것은 여러분이 그리스도인이 되었다는 증거입니다.

1. 그리스도인들이 복음으로 말미암아 어떠한 삶을 살게 되는지 살펴보십시오.

   1) 데살로니가 성도들의 말씀을 대하는 자세는 어떠했습니까?(13절)

2) 데살로니가의 성도와 유대에 있는 성도들이 복음으로 말미암아 어떠한 삶을 살았습니까? (14절)

3) 바울 일행이 복음때문에 당했던 고난은 어떤 것입니까?(15-16절)

4) 유대인들의 핍박에 대해 어떤 심판이 경고되고 있습니까?(15-16절)

2. 매주 설교를 듣거나 성경공부를 할 때 어떤 자세로 임하고 있습니까? 믿는 자 속에서 역사하는 말씀의 능력을 경험하고 있습니까?

3. 여러분 자신이 당하는 고난은 데살로니가의 성도나 유대의 성도나 바울 일행이 당하는 고난과 동일합니까? 예수를 믿는 이유 때문에 여러분을 힘들게 하는 사람은 누구입니까? 여러분이 그리스도인이 된 후에 주로 겪게 된 고난은 어떤 것입니까?

성실하게 돌아보는 양육의 모범

많은 사람들이 교회를 떠나는 이유 중에 하나가 교회 안에서 자신의 존재 의미를 느끼지 못하기 때문입니다. 교회 안에서도 소외감을 경험한다는 것입니다. 이것은 교회에 사랑이 결핍되었음을 보여주는 증거입니다. 여러분이 말씀을 바로 믿고 살아가려 할 때, 그 말씀을 증거하는 삶을 살려고 할 때, 그리고 다른 그리스도인의 신앙 성장을 돕는 양육자의 위치에 있게 될 때 여러분은 구체적으로 어떤 헌신을 해야 합니까?

1. 바울 일행은 데살로니가에 있는 성도들을 향한 사랑을 어떻게 구체적으로 실천하고 있습니까?(17-18절)

2. 주님께서 다시 오실 때 여러분은 주님께 드릴 것이 무엇이라고 생각합니까? 바울이 왜 데살로니가 성도들을 소망이나 기쁨이나 자랑의 면류관이라고 했을까요?(19-20절)

주) 면류관은 경기의 승리자에게 주어지는 월계관이며 축제 때 주는 화관이기도 하다. 이것은 왕들이 쓰는 왕관과는 다르다. 그리스도 예수의 심판대에서 바울의 면류관은 데살로니가 성도들이다.

3. 데살로니가 성도들에 대한 바울의 사랑의 모범은 여러분에게 어떤 도움을 줍니까? 여러분은 어떤 형태로 하나님께 충성하고 있습니까? 여러분이 섬겨야 할 가족, 친지, 친구, 기타 인간 관계를 돌아보십시오. 이제부터 그들을 어떻게 섬기고 사랑하고 돌볼 것인지를 구체적으로 기록해보십시오.

●메 시 지●

기독교인이 된 후에 여러분이 겪고 있는 어려움 때문에 놀라거나 두려워하지 마십시오. 삶을 포기하지도 마십시오. 그리스도인이 된 후에 필수적으로 교육받게 되는 것이 "고난"이란 과목입니다. 왜 그렇습니까?

그리스도인이 된다는 것은 우리가 세상에 속하여 살지만 세상의 모든 생활양식이나 사고방식을 더이상 따르지 않는 것을 의미합니다. 하나님이 요구하시는 거룩한 방식은 세상의 방식과 대조적인 것입니다. 따라서 세상은 여러분의 삶을 조롱하며 괴롭힐 것입니다. 세상은 세상을 사랑하는 사람만 사랑하기 때문입니다. 그러나 여러분은 하나님께 돌아오기로 결심한 사람들입니다. 하나님이 미워하시는 세상의 방식들과 결별된 사람입니다.

데살로니가에 살던 사람들이 복음을 들은 후 삶에 어떤 변화가 일어났습니까? 그들은 삶에서 전적인 의지의 대상이었던 우상을 버렸습니다. 이제 더 이상 자기 민족들의 죄된 삶의 방식을 따르지 않기로 결심했습니다. 하나님만이 살아계신 분으로 믿고 섬기기로 결단했습니다. 그 이유때문에 이스라엘 백성들은 환난과 고난을 당해야 했습니다. 바울은 이러한 데살로니가의 성도들에게 다음과 같이 격려합니다.
"고난때문에 여러분의 삶을 포기하거나 절망하지 마십시오. 여러분이 그리스도인이 되었다는 증거입니다. 유대에 있는 하나님의 교회들도 유대인들에게 고난을 받았습니다. 여러분의 고난은 그들과 동일한 것입니다."

바울 일행도 복음을 믿고 복음을 증거할 때 자기 민족으로부터 버림을 받고 온갖 고난을 당했습니다. 이것은 그리스도께서 먼저 보여주신 삶의 방식입니다. 그리스도의 제자가 된다는 것은 오직 그리스도의 삶에 함께 참여하는 것입니다.

사랑하는 여러분! 그리스도의 제자로서 삶을 살아갈 때 기억해야 할 두 가지 사실이 있습니다.

첫째, 그리스도로 인하여 받게 되는 고난을 기뻐하는 것입니다(14절). 여러분이 참된 그리스도인임을 나타내주는 표시입니다. "무릇 경건하게 사는 자마다 핍박을 받으리라"는 말씀을 늘 기억하십시오. 여러분이 죄와 타협하게 될 때 표면적으로는 평안이 올지 모르지만 종국은 멸망의 길을 자초하는 것입니다. 죄와 싸우되 피흘리기까지 싸우십시오(히 12:4).

둘째, 고난 당하는 그리스도인들을 도우십시오(17-20절). 그들을 사랑하며 아낌없이 격려해야 합니다. 바울 일행은 데살로니가 성도들을 직접 만나서 그들의 흔들리는 믿음을 굳게 하려는 계획을 갖고 있었습니다. 비록 사단의 방해로 그 계획이 지연되었지만, 이것은 오늘날 "그리스도인 형제자매"를 돌아보는 원리를 보여줍니다. 연약한 지체들을 구체적으로 돌아보십시오.

디모데의 파송 5

■ 본문 : 데살로니가전서 3:1–13 ■ 요절 : 데살로니가전서 3:8

"그러므로 너희가 주 안에 굳게 선즉 우리가 이제는 살리라"

1 이러므로 우리가 참다 못하여 우리만 아덴에 머물기를 좋게 생각하고 **2**
우리 형제 곧 그리스도의 복음을 전하는 하나님의 일꾼인 디모데를 보내
노니 이는 너희를 굳건하게 하고 너희 믿음에 대하여 위로함으로 **3** 아무도
이 여러 환난 중에 흔들리지 않게 하려 함이라 우리가 이것을 위하여 세움
받은 줄을 너희가 친히 알리라 **4** 우리가 너희와 함께 있을 때에 장차 받을
환난을 너희에게 미리 말하였는데 과연 그렇게 된 것을 너희가 아느니라
5 이러므로 나도 참다 못하여 너희 믿음을 알기 위하여 그를 보내었노니
이는 혹 시험하는 자가 너희를 시험하여 우리 수고를 헛되게 할까 함이니
6 지금은 디모데가 너희에게로부터 와서 너희 믿음과 사랑의 기쁜 소식을
우리에게 전하고 또 너희가 항상 우리를 잘 생각하여 우리가 너희를 간절
히 보고자 함과 같이 너희도 우리를 간절히 보고자 한다 하니 **7** 이러므로
형제들아 우리가 모든 궁핍과 환난 가운데서 너희 믿음으로 말미암아 너
희에게 위로를 받았노라 **8** 그러므로 너희가 주 안에 굳게 선즉 우리가 이

제는 살리라 **9** 우리가 우리 하나님 앞에서 너희로 말미암아 모든 기쁨으
로 기뻐하니 너희를 위하여 능히 어떠한 감사로 하나님께 보답할까 **10** 주
야로 심히 간구함은 너희 얼굴을 보고 너희 믿음이 부족한 것을 보충하게
하려 함이라 **11** 하나님 우리 아버지와 우리 주 예수는 우리 길을 너희에게
로 갈 수 있게 하시오며 **12** 또 주께서 우리가 너희를 사랑함과 같이 너희
도 피차간과 모든 사람에 대한 사랑이 더욱 많아 넘치게 하사 **13** 너희 마
음을 굳건하게 하시고 우리 주 예수께서 그의 모든 성도와 함께 강림하실
때에 하나님 우리 아버지 앞에서 거룩함에 흠이 없게 하시기를 원하노라

▫ 서론

여러분의 가족들은 지금 어디에 있습니까? 여러분이 돕고 있는 새로 태어난 그리스도인은 지금 어떻게 지내고 있습니까? 여러분의 친구들은 어디에서 무엇을 하고 있습니까? 여러분은 "네 아벨이 어디 있느냐"라는 가인을 향한 하나님의 질문에 대해 구체적으로 대답할 수 있습니까? 혹시 여러분은 가인처럼 대답하고 있지 않습니까? "나는 알지 못하나이다. 내가 아우를 지키는 자니이까?"(창 4:9)

무책임하고 무관심한 가인의 모습에 대해 어떻게 생각합니까? 부모가 자녀에 대해 무관심할 때 어떤 일이 생기게 됩니까? 자녀들이 방황할

것입니다. 아버지가 가족들에 대한 책임을 다하지 못할 때 그 가정에 어떤 일이 일어납니까? 가족 전체가 고통 받습니다. 전도를 받고 교회에 처음 나온 새 신자가 교회 성도들의 무관심 속에서 외로워할 때 무슨 일이 생깁니까? 교회를 떠날 것입니다. 교회의 지도자들이 성도들에 대해 무관심할 때 교회에 무슨 일이 일어납니까? 신앙적인 어려움을 견디지 못해 성도들이 믿음을 포기하게 될지도 모릅니다. 이제 여러분은 사도 바울에게서 데살로니가 성도들을 돌보는 책임감과 지혜를 배우게 될 것입니다.

▣ 본문관찰 및 토의

디모데를 파송한 목적

1. 바울은 자신이 예수 그리스도의 복음으로 섬겼던 사람들의 영적 성장과 훈련에 대해 책임이 있었습니다. 하나님께서는 바울이 주 안에서 그의 자녀들에게 보낸 훈련과 교훈의 서신서들을 사용하셔서 우리를 훈련하며 교훈하고 계십니다.

2. 바울은 데살로니가 성도들이 겪는 어려움을 보며 어떤 마음을 가졌습니까?(1절)

3. 바울은 데살로니가 성도들을 돕기 위해 어떤 계획을 세웁니까?(2절)

1) 새 신자에 대한 바울의 주된 관심은 무엇입니까? 데살로니가로 파송받는 디모데의 임무와 관련하여 생각해보십시오.

2절 :

3절 :

5절 :

2) 데살로니가 성도들이 당하는 어려움의 성격은 어떤 것입니까?(4절)

4. 여러분은 자신이 그리스도께로 전도한 사람들에 대해 책임을 느끼고 있습니까? 새 신자들에 대한 여러분의 책임은 무엇입니까?

디모데의 보고

1. 데살로니가 성도들에게 파송받은 디모데는 바울 일행에게 어떤 보고를 합니까?(6, 8절)

2. 디모데로부터 기쁜 소식을 들은 바울 일행은 어떻게 반응합니까?(7-10절)

7절 : ______

8절 : ______

9절 : ______

10절 : ______

3. 새 신자들을 양육하는 방법을 연구할 때 주목해야 하는 것은, 바울이 "데살로니가에 있는 성도들"을 위하여 인내하며 기도한 태도입니다. 바울이 데살로니가에 있는 성도들을 위하여 "주야로 심히" 간구하는 목적과 그 내용을 살펴 보십시오(10-13절).

1) 간구(기도)하는 목적 (10절) : ____________________

____

____

2) 간구(기도)하는 내용 (11-13절) : ____________________

____

____

4. 여러분이 전도해서 그리스도를 믿게 된 사람이나 여러분이 알고 있는 새 신자들에게 양육 편지를 간단하게 써보십시오.(대상은 가족이나 친척, 친구, 직장 동료, 교회의 성도들이 될 수 있습니다.)

1) 주께서 여러분에게 양육하라고 인도해 주시는 사람은 누구입니까?

____

____

2) 그 사람을 어떻게 알게 되었습니까?

3) 그 사람에 관하여 알고 있는 것들은 무엇입니까?

4) 사도 바울이 보여준 사랑의 양육 방법을 사용해보십시오.

* 마음으로 관심을 갖고 사랑함 (2:17)
* 직접 만나서 위로하고 믿음을 굳게 함 (3:2)
* 편지를 씀 (1:1)
* 날마다 간구함 (3:10-13)

●메 시 지●

사랑하는 여러분! 새로 태어난 그리스도인들이 성장하기까지는 어떤 도움이 필요할까요? 어린 아이가 태어나 성장함에 있어 부모님의 사랑과 돌봄과 인내가 필요하듯이, 그리스도 안에서 갓 태어난 영적 어린아이도 마찬가지입니다.

새 신자에게는 누군가의 성실한 관심과 배려와 권면과 중보의 기도가 필요합니다. 만약 교회가 그러한 양육의 의무를 감당하지 못한다면, 복음 전도의 수고가 헛된 것으로 돌아가고 말 것입니다. 그러므로 우리가 바울의 모범을 따르는 것은 매우 중요합니다.

먼저 데살로니가 성도를 향한 바울의 깊은 사랑을 배울 수 있습니다. 데살로니가전서 3장은 "굳게 하다", "굳게 서다"라는 단어가 세 번이나 반복되어 나옵니다. 이 단어는 바울의 관심사를 보여줍니다. 그들이 환난 중에 믿음이 흔들리지 않는지(3절), 사단의 유혹으로 말미암아 어려움을 당하고 있지는 않은지(5절)…. 이러한 염려로 인하여 바울은 그들을 직접 심방하려는 계획을 세웠지만 상황이 허락되지 않았습니다. 하지만 바울은 성도들이 당하는 어려움을 그냥 보고만 있지는 않았습니다.

이러한 상황에서 데살로니가 성도들을 돌보는 바울의 지혜를 살펴보십시오. **바울은 자신이 직접적으로 나설 수 없는 일에는 그 일을 담당할 일꾼을 세웁니다.** 그가 바로 '디모데'였습니다. 디모데는 바울로부터 철저하게 영적인 훈련을 받은 사람이었습니다. 그는 디모데를 데살로니가로 보냅니다. 디모데가 파송받는 목적은 성도의 믿음을 굳게 하고, 위로하고, 환난 중에 요동치 않게 하는 것입니다(2-3절). 성도들에 대한 바울의 깊은 애정과 실제적인 배려는 우리들이 배워야 할 모범입니다.

마지막으로 우리가 주목해야 할 부분은 디모데의 보고를 들은 바울의 반응입니다. **바울은 데살로니가인들의 "굳게 선 믿음"의 소식을 듣고서 위로를 얻고 기뻐합니다(7절).** 그리고 그들의 믿음이 지속적으로 견고해지도록 주야로 간구합니다. 바로 이러한 일들에 바울은 그의 모든 관심을 쏟았습니다.

여러분이 지금 모든 관심을 쏟으면서 수고하는 곳은 어디입니까? 많은 사람들은 돈을 위한 수고, 정치를 위한 수고, 예술과 오락을 위한 수고 등으로 시간을 보내고 있습니다. 그러나 가장 소중하고 값진 수고는 "영혼을 구원하는 수고"가 아닐까요? 여러분은 가족들을 위하여 어떤 종류의 수고를 하고 있습니까? 히브리서 기자의 권고를 들으십시오.

> "서로 돌아보아 사랑과 선행을 격려하며 모이기를 폐하는 어떤 사람들의 습관과 같이 하지 말고 오직 권하여 그날이 가까움을 볼수록 더욱 그리하자(히 10:24-25).

거룩한 삶 6

■ 본문 : 데살로니가전서 4:1-12 ■ 요절 : 데살로니가전서 4:7

"하나님이 우리를 부르심은 부정하게 하심이 아니요 거룩하게 하심이니"

1 그러므로 형제들아 우리가 끝으로 주 예수 안에서 너희에게 구하고 권
면하노니 너희가 마땅히 어떻게 행하며 하나님을 기쁘시게 할 수 있는지
를 우리에게 배웠으니 곧 너희가 행하는 바라 더욱 많이 힘쓰라 **2** 우리
가 주 예수로 말미암아 너희에게 무슨 명령으로 준 것을 너희가 아느니
라 **3** 하나님의 뜻은 이것이니 너희의 거룩함이라 곧 음란을 버리고 **4** 각
각 거룩함과 존귀함으로 자기의 아내 대할 줄을 알고 **5** 하나님을 모르는
이방인과 같이 색욕을 따르지 말고 **6** 이 일에 분수를 넘어서 형제를 해
하지 말라 이는 우리가 너희에게 미리 말하고 증언한 것과 같이 이 모든
일에 주께서 신원하여 주심이라 **7** 하나님이 우리를 부르심은 부정하게
하심이 아니요 거룩하게 하심이니 **8** 그러므로 저버리는 자는 사람을 저
버림이 아니요 너희에게 그의 성령을 주신 하나님을 저버림이니라 **9** 형
제 사랑에 관하여는 너희에게 쓸 것이 없음은 너희들 자신이 하나님의
가르치심을 받아 서로 사랑함이라 **10** 너희가 온 마게도냐 모든 형제에

대하여 과연 이것을 행하도다 형제들아 권하노니 더욱 그렇게 행하고 **11**
또 너희에게 명한 것 같이 조용히 자기 일을 하고 너희 손으로 일하기를
힘쓰라 **12** 이는 외인에 대하여 단정히 행하고 또한 아무 궁핍함이 없게
하려 함이라

▫ 서론

하나님의 백성이었던 이스라엘이 실패했던 부분은 "거룩"의 문제였습니다.

> "이는 그들이 음란한 마음에 미혹되어 하나님을 버리고 음행하였음이니라… 이러므로 너희 딸들은 음행하며 너희 며느리들은 간음을 행하는도다… 이는 남자들도 창기와 함께 나가며… 이는 음란한 마음이 그 속에 있어 여호와를 알지 못하는 까닭이라" (호 4:12-14 , 5:4).

여러분은 데살로니가전서 4장을 연구하면서 그리스도인의 생활에서 음란한 정욕과 성적 부도덕성의 문제도 다루게 될 것입니다. 하나님께서 음란의 문제에 대해 어떻게 말씀하십니까? 우리는 그것을 배워야

합니다. 주의 음성을 듣는 편이 안전합니다. 기억하십시오! 순결한 자는 교제하는 상대방에게 순결을 요구합니다. 마찬가지로 하나님께서는 자신이 거룩하기 때문에 그분의 자녀들에게도 순결을 요구하십니다. 하나님과의 교제에서 순결할 것을 요구하십니다.

▣ 본문관찰 및 토의

성결의 삶

1. 하나님께서 우리를 부르신 것은 하나님의 자녀다운 삶을 살도록 하기 위함입니다. 바울이 데살로니가 성도들에게 구하고 권면하는 내용은 무엇입니까?(1–2절)

2. 그리스도인 부부에게 향하신 하나님의 뜻은 무엇입니까?(3–6절)

3. 성적 순결이나 거룩함의 문제에 있어서 하나님의 뜻에 불순종하는 자에게는 어떤 일이 일어납니까?(6–8절)

주) "이 일에 분수를 넘어서 형제를 해하지 말라"(6절)는 경고는 3–5절에서 언급되고 있는 성의 문제를 의미한다. "분수를 넘는다"는 말은 "경계를 넘어서 범죄하다"는 뜻으로, 다른 사람의 아내를 범하지 말라는 것이다.

4. 성은 하나님이 인간에게 주신 소중한 선물입니다. 그러나 하나님이 주신 법도를 벗어나서 성을 사용할 때는 죄의 근원이 될 수 있습니다. 오늘날 성의 오용은 인류를 더럽히고 있습니다. 후천성 면역 결핍증(AIDS)은 성을 오용하는 자들에 대한 하나님의 경고요 징계라고 할 수 있습니다. 성은 반드시 부부간에 거룩함과 존귀함으로 사용해야 합니다. 아무리 결혼을 약속한 사이일지라도 부부가 되기 전에는 결코 성관계를 맺어서는 안 됩니다.

5. 여러분의 삶을 돌아보십시오. 몸과 마음과 생각이 성결함을 유지하고 있습니까? 혹시 음란하고 깨끗지 못한 상상으로 자신을 더럽힌 적은 없습니까? 만약 여러분이 성결치 못한 죄를 지었다면 요한일서 1:9을 의지하고 용서를 구하십시오.

> "만일 우리가 우리 죄를 자백하면 저는 미쁘시고 의로우사 우리 죄를 사하시며 모든 불의에서 우리를 깨끗케 하실 것이요."

형제 사랑

1. 바울은 데살로니가 성도들의 형제 사랑에 대해서 어떻게 평가합니까?(9절)

2. 형제 사랑은 어느 정도의 수준까지 되어야 합니까?(10절)

3. 그리스도인끼리 서로의 삶을 열고 어려움을 함께 나눌 때 서로 사랑할 수 있는 계기가 마련됩니다. 여러분의 사랑을 지혜롭게 표현하는 방법들을 말해 보십시오. 아울러 더 성숙하게 사랑을 표현할 수 있도록 주님께 지혜를 구하십시오.

일에 대한 그리스도인의 자세

1. 그리스도인은 노동에 대해 어떤 자세를 가지고 있어야 합니까?(11절)

2. 바울이 데살로니가 성도들에게 손으로 일하기를 힘쓰라고 권면하는 두 가지 이유는 무엇입니까?(12절)

3. 오늘의 공부에서 여러분의 마음을 두드리며 삶의 결단을 촉구했던 말씀을 기록해보고 그 내용을 함께 나누어 보십시오.

●메 시 지●

오늘 연구한 내용을 요약하면 다음의 세 가지 주제로 나눌 수 있습니다.

첫째, 거룩한 생활을 유지하는 문제입니다(3-8절). 이것은 하나님의 뜻과 관련된 문제이기도 합니다. 하나님께서 우리를 부르시는 이유가 "거룩함" 때문입니다. 거룩함이란 세속적인 삶의 방식과는 구별된 것을 의미합니다. 그리스도인은 악하고 더러운 것들로부터 자신을 깨끗하게 지켜야 하는 책임이 있습니다. 무엇보다도 성적인 순결이 요구됩니다.

1세기 헬라인들의 생활을 말해주는 것은 '성적 방종'이었습니다. 이 문제는 오늘날 더욱 심각한 문제로 대두되고 있습니다. 그리스도인들 가운데서도 이혼은 상식처럼 되어가고 있습니다. 바울은 성적 부도덕은 하나님의 진노를 자초하는 일이라고 경고합니다. 음란을 버리는 것이 하나님의 백성답게 사는 삶입니다. 이것은 하나님의 뜻입니다. 명심하십시오. "각각 거룩함과 존귀함으로 자기의 아내 대할 줄을 알고 하나님을 모르는 이방인과 같이 색욕을 따르지 말고"(4-5절).

둘째, 형제를 사랑하는 문제입니다(9-10절). 사랑의 기준에 차별이 있어서는 안 됩니다. 누구에게든지 사랑을 베풀어야 할 책임이 그리스도인에게 있습니다. 왜 그렇습니까? 하나님께서 그리스도를 통하여 우리에 대한 사랑을 실천하셨기 때문입니다. 예수 그리스도께서 우리에게 명령하십니다. "그리스도가 너희를 사랑한 것같이 서로 사랑하라."

우리가 서로 미워하고 분쟁하면 하나님 아버지께서 조롱을 당하십니다. 우리가 더욱 더 하나된 모습으로 사랑할 때 세상 사람들은 하나님의 사랑을 발견하게 될 것입니다. 어제보다 오늘 더 많은 사랑을 실천하십시오.

셋째, 노동에 대한 그리스도인의 책임 문제입니다(11-12절). 그리스도인의 노동관은 두 가지입니다. 첫째는 "자신의 일을 하는 것"이고, 둘째는 "자신의 손으로 일하는 것"입니다. 바울이 이처럼 그리스도인의 노동관에 대해서 언급한 이유가 있습니다. 그것은 데살로니가 성도들 중 어떤 사람들이 주의 재림이 가까이 왔다는 핑계로 현재의 삶을 포기한 채 일을 하지 않고 소란을 피웠기 때문입니다. 그래서 바울은 주의 재림을 기다리는 삶의 자세란, '현실의 삶에 충실하는 것'임을 강조합니다. 일은 저주가 아니라 축복입니다. 남자와 여자는 하나님으로부터 주변 환경을 지키고 개선하는 위임을 받은 청지기들입니다.

모든 그리스도인들은 직장에서, 가정에서, 기타 여러 활동에서 빛과 소금의 역할을 해야 합니다. 사회 생활에서 일을 거부하고 은둔 생활만 강조하는 것은 하나님의 뜻에 대한 불순종적인 태도입니다. 여러분이 처한 환경 속에서 열심히 일하십시오.

그리스도의 재림 7

■ 본문 : 데살로니가전서 4:13–5:11 ■ 요절 : 데살로니가전서 4:16상

"주께서 호령과 천사장의 소리와 하나님의 나팔 소리로 친히 하늘로부터 강림하시리니"

13 형제들아 자는 자들에 관하여는 너희가 알지 못함을 우리가 원하지 아
니하노니 이는 소망 없는 다른 이와 같이 슬퍼하지 않게 하려 함이라 **14**
우리가 예수께서 죽으셨다가 다시 살아나심을 믿을진대 이와 같이 예수
안에서 자는 자들도 하나님이 그와 함께 데리고 오시리라 **15** 우리가 주의
말씀으로 너희에게 이것을 말하노니 주께서 강림하실 때까지 우리 살아
남아 있는 자도 자는 자보다 결코 앞서지 못하리라 **16** 주께서 호령과 천사
장의 소리와 하나님의 나팔 소리로 친히 하늘로부터 강림하시리니 그리스
도 안에서 죽은 자들이 먼저 일어나고 **17** 그 후에 우리 살아 남은 자들도
그들과 함께 구름 속으로 끌어 올려 공중에서 주를 영접하게 하시리니 그
리하여 우리가 항상 주와 함께 있으리라 **18** 그러므로 이러한 말로 서로 위
로하라 **5:1** 형제들아 때와 시기에 관하여는 너희에게 쓸 것이 없음은 **2** 주
의 날이 밤에 도둑 같이 이를 줄을 너희 자신이 자세히 알기 때문이라 **3**
그들이 평안하다, 안전하다 할 그 때에 임신한 여자에게 해산의 고통이 이

름과 같이 멸망이 갑자기 그들에게 이르리니 결코 피하지 못하리라 4 형
제들아 너희는 어둠에 있지 아니하매 그 날이 도둑 같이 너희에게 임하지
못하리니 5 너희는 다 빛의 아들이요 낮의 아들이라 우리가 밤이나 어둠
에 속하지 아니하나니 6 그러므로 우리는 다른 이들과 같이 자지 말고 오
직 깨어 정신을 차릴지라 7 자는 자들은 밤에 자고 취하는 자들은 밤에 취
하되 8 우리는 낮에 속하였으니 정신을 차리고 믿음과 사랑의 호심경을
붙이고 구원의 소망의 투구를 쓰자 9 하나님이 우리를 세우심은 노하심
에 이르게 하심이 아니요 오직 우리 주 예수 그리스도로 말미암아 구원을
받게 하심이라 10 예수께서 우리를 위하여 죽으사 우리로 하여금 깨어 있
든지 자든지 자기와 함께 살게 하려 하셨느니라 11 그러므로 피차 권면하
고 서로 덕을 세우기를 너희가 하는 것 같이 하라

▫ 서론

지구의 종말이 실제로 찾아올까요?

모든 일들이 다 잘 되어가는 것처럼 보이는데 정말 종말이 오겠습니까? 많은 사람들은 "평안하다, 안전하다"라고 생각합니다. 노아 시대처럼 먹고 마시고 장가들고 시집가는 일에 몰두하고 있습니다. 그들은 위장된 평안과 거짓된 안전 속에서 스스로 착각하면서 흥청망청 살아가고 있습니다. 하나님의 말씀은 그러한 자들에게 멸망이 갑자기 임할 것이라고 경고하고 있습니다. 지구의 마지막 시간은 주의 재림과 더불어 멈출 것입니다.

사랑하는 여러분! 지금 여러분이 죽음의 문턱 앞에 있다면 어떤 소망이 있겠습니까? 주님의 재림이 여러분의 죽음에 어떤 소망을 줄 수 있겠습니까? 이제 우리는 죽은 그리스도인들이 그리스도의 재림 때에 어떻게 될 것인가를 연구할 것입니다.

▣ 본문관찰 및 토의

재림시의 광경

1. 데살로니가전서 4:13-18을 읽으십시오. 바울이 왜 그리스도의 재림에 관한 주제를 다룬다고 생각합니까?(13절)

2. 바울은 성도의 죽음을 절망적으로 슬퍼하지 말아야 할 이유를 어떻게 설명하고 있습니까?(14-18절)

1) 예수님이 재림하실 때 먼저 죽은 자들은 어떻게 됩니까?(14-16절)

2) 예수님이 재림하실 때 살아남아 있는 자들은 어떻게 됩니까?(17절)

3) 재림에 대한 바울의 권면은 무엇입니까(18절)

재림을 준비하는 성도의 삶

1. 주님은 언제 재림하십니까?(5:1-3, 마 24:3)

2. 주의 재림을 무시하고 믿지 않는 자들의 특징과 최후의 모습은 어떻습니까?(3절)

3. 그리스도인들은 어떤 신분에 속한 자들입니까? 주님의 재림과 어떤 관계가 있습니까?(4–5절)

4. 그리스도인들은 주의 재림을 어떻게 준비해야 합니까?(6–8절)

5. 하나님께서 우리를 세우신 목적과 그리스도께서 죽으신 목적은 무엇입니까? 이것은 성도의 교제의 근거가 되는 내용입니다(9–10절).

6. 재림을 준비하는 그리스도인에게는 어떠한 대인관계가 요구됩니까?(11절)

7. 여러분은 주님의 재림을 소망하는 자입니까? 여러분의 생활 중에서 정신을 차리고 절제해야 할 부분들을 기록해보십시오.

●메시지●

사랑하는 여러분! 죽음에 대해 두려움이나 공포를 가져본 적은 없습니까? 죽음에 대한 문제를 어떻게 해결했습니까? 사도 바울이 왜 주의 재림시에 먼저 죽은 그리스도인들이 어떻게 될 것인가에 대한 문제를 거론했는지 아시겠습니까? 죽음을 두려워하는 사람들이 있었기 때문입니다. 물론 데살로니가 성도들은 부활에 대해서는 의심하지 않았습니다. 그러나 바울은 "우리가 예수의 죽었다가 다시 사심을 믿을진대 이와 같이 예수 안에서 사는 자들도 하나님이 저와 함께 데리고 오시리라"고 권면합니다. 왜냐하면 당시 데살로니가 성도들은 주림의 재림 때까지 살아남아 있는 자들만이 구원을 받을 것이라고 오해했기 때문입니다. 이미 이 세상을 떠난 자기 부모나 형제, 친척들이 다가올 재림의 영광에 참예하지 못하게 될까봐 두려워했습니다.

그리스도인은 죽음을 두려워해서는 안 됩니다. 영광을 입고 오실 그리스도의 재림 때에는 모든 그리스도인들이 주님과 같이 영광스러운 육체로 변모될 것입니다. 그 날에는 거룩한 모습으로 완전해질 것입니다. 그리스도 안에서 죽은 자들이 무덤에서 일어나게 될 것입니다. 그날은 바로 "하나님의 자녀들이 영광스러운 자유를 누리는 날"이 될 것입니다. 세계 각처에 흩어져 있었던 모든 그리스도인들이 한 자리에 모여 모든 영광 가운데 나타나며 하나님이 계획하셨던 영광스러운 새 하늘과 새 땅에 거하는 날이 될 것입니다. 주의 재림의 날에는 슬픔과 애통의 눈물이 없을 것입니다. 오직 영광스러운 기쁨과 어린양 예수께 드리는 영광스러운 찬양만이 충만할 것입니다.

반면에 불신자들은 그리스도 안에 있는 사람들과는 대조적인 모습일 것입니다. 그들은 허황된 안도감에 빠져 "평안하다! 안전하다!"고 말하고 있을 때 갑작스러운 멸망의 시간을 맞게 될 것입니다. 그들에게 있어서 주의 재림은 혹독한 심판의 날이요, 소망이 완전히 끊어진 상태가 되고 말 것입니다.

사랑하는 그리스도인들이여! 주의 재림의 시간은 밤에 도적같이 임한다고 경고합니다. 재림의 정확한 시간에 대해 관심갖지 마십시오. 성경의 권면은 그날을 위해 준비하는 것과 깨어 경성하라는 것입니다. 욕심과 육신의 안일에 빠질까 조심하십시오. 세상적인 가치를 위하여 생명의 시간을 소모하지 마십시오. 하나님의 선하시고 기뻐하시고 온전하신 뜻이 무엇인지 분별하십시오.

하나님의 뜻 8

■ 본문 : 데살로니가전서 5:12-28 ■ 요절 : 데살로니가전서 5:16-18

"항상 기뻐하라 쉬지 말고 기도하라 범사에 감사하라 이것이 그리스도 예수 안에서 너희를 향하신 하나님의 뜻이니라"

12 형제들아 우리가 너희에게 구하노니 너희 가운데서 수고하고 주 안에
서 너희를 다스리며 권하는 자들을 너희가 알고 **13** 그들의 역사로 말미암
아 사랑 안에서 가장 귀히 여기며 너희끼리 화목하라 **14** 또 형제들아 너희
를 권면하노니 게으른 자들을 권계하며 마음이 약한 자들을 격려하고 힘
이 없는 자들을 붙들어 주며 모든 사람에게 오래 참으라 **15** 삼가 누가 누
구에게든지 악으로 악을 갚지 말게 하고 서로 대하든지 모든 사람을 대하
든지 항상 선을 따르라 **16** 항상 기뻐하라 **17** 쉬지 말고 기도하라 **18** 범사
에 감사하라 이것이 그리스도 예수 안에서 너희를 향하신 하나님의 뜻이
니라 **19** 성령을 소멸하지 말며 **20** 예언을 멸시하지 말고 **21** 범사에 헤아
려 좋은 것을 취하고 **22** 악은 어떤 모양이라도 버리라 **23** 평강의 하나님
이 친히 너희를 온전히 거룩하게 하시고 또 너희의 온 영과 혼과 몸이 우
리 주 예수 그리스도께서 강림하실 때에 흠 없게 보전되기를 원하노라 **24**
너희를 부르시는 이는 미쁘시니 그가 또한 이루시리라 **25** 형제들아 우리

를 위하여 기도하라 **26** 거룩하게 입맞춤으로 모든 형제에게 문안하라 **27**
내가 주를 힘입어 너희를 명하노니 모든 형제에게 이 편지를 읽어 주라
28 우리 주 예수 그리스도의 은혜가 너희에게 있을지어다

▣ 서론

아직도 전쟁은 끝나지 않았습니다. 진리로 허리띠를 띠고 전쟁 준비를 할 시간입니다. 주의 날이 임박할수록 전쟁은 더욱 치열해집니다. 우리는 함께 굳건히 서야 합니다. 고난과 환난과 핍박은 그리스도인들의 삶의 일부입니다.

데살로니가전서가 쓰여질 당시에 데살로니가 성도들은 많은 핍박을 당하고 있었습니다. 이러한 상황이 지속되는 동안 그들은 몹시 지쳐 있었고, 몇몇 사람들은 두려움에 빠져 있었습니다. 몸의 한 부분이 아프면 온몸이 아픈 것을 떠올려보십시오. 주 안에서 한몸된 지체가 고난의 영향으로 위기 상태에 놓여 있을 때, 성도 전체가 모두 영향을 받는다는 사실을 깨닫지 않으면 안 됩니다. 그리스도인들은 예수 안에서 서로가

서로에게 묶여 있다는 사실을 잊지 마십시오. 여러가지 문제로 겁을 내고 믿음을 포기하는 지체들을 돌아볼 책임이 우리 모두에게 있습니다.

우리가 마지막으로 연구하게 될 말씀은 "기독교 공동체의 질서와 사랑"에 관한 권면들입니다. 교회가 하나됨을 위해 힘써야 하는 이유와 방법들에 대해 배우게 될 것입니다.

▣ 본문관찰 및 토의

서로 돌아보는 삶의 방식

1. 여러분은 성도의 영적인 성장을 위하여 다스리고 권면하는 지도자들에게 존경심을 나타내고 있습니까? 이에 대한 바울의 권면은 무엇입니까?(12-13절)

2. 여러분은 공동체 내에서 항상 문제만 일으키는 자, 쉽게 낙심하여 믿음이 떨어지는 자, 도덕적인 유혹에 약한 자들을 지금까지 어떻게 대했습니까? 이들에 대한 바울의 권면은 무엇입니까?(14절)

주)

1) 게으른 자 : 법도와 질서를 지키지 않는 자, 일하지 않고 돌아다니며 문제만 일으키는 자를 뜻한다.

2) 마음이 약한 자 : 의기소침하거나 낙심하는 자, 죽은 신자들에 대해 염려하는 자를 의미한다.

3) 힘이 없는 자 : 영적으로나 도덕적으로 유혹에 약한 자를 말한다.

3. 대인 관계 속에서 그리스도인들이 가져야 할 지혜가 무엇입니까? 특히 동료 그리스도인이 여러분을 교묘히 괴롭히거나 힘들게 할 때 어떻게 대처해야 합니까?(15절)

하나님의 뜻에 순종하는 삶

1. 여러가지 문제와 상황 앞에서 하나님의 뜻을 알지 못해 혼란스러울 때가 많습니다. 그러나 그 모든 상황이나 형편에 상관없이 그리스도 안에서 명백히 주어진 하나님의 뜻은 무엇입니까?(16-18절)

2. 여러분이 현재 상황 속에서 기뻐할 수 없는 일들과 도저히 감사가 나오지 않는 이유, 그리고 기도를 하지 못하도록 방해하는 사항들을 정직하게 기록해 보십시오. 시편에서 배운 바를 기록하십시오.

3. 그럼에도 불구하고 5:16-18에 나오는 세 가지 하나님의 뜻에 순종하기 위하여 여러분이 할 수 있는 것들을 기록해보십시오.

4. 그리스도인들이 취할 것, 버릴 것, 하지 말아야 할 것은 각각 무엇입니까?(19-22절)

5. 바울은 인간인 자신의 힘으로는 불가능하지만 하나님의 능력을 힘입음으로써 거룩한 삶을 살 수 있음을 확신합니다. 주의 재림 때까지 데살로니가 성도들을 위한 바울의 중요한 기도제목은 무엇입니까?(23-24절)

6. 지금 주께로 나아가십시오. 평강의 하나님께서 친히 여러분을 "온전히 거룩케 하시도록" 기도하십시오. 여러분이 변화받아야 할 성품과 나쁜 습관들을 기록하고 기도하십시오.

●메 시 지●

데살로니가 교회는 어린 교회였습니다. 그들은 모두 거의 같은 시간에 신자가 되었습니다. 그런데도 어떤 이들은 다른 사람들을 다스리는 책임을 부여받았습니다. 그들이 선택되었던 이유는 아마도 영적 은사와 그리스도인으로서의 삶의 성숙도를 참작한 것 같습니다. 따라서 바울은 그들 사이에 있을 만한 시기, 적대감, 분열에 대한 예방적인 권면을 합니다. 우리는 바울의 권면에 귀를 기울여야 합니다. 왜냐하면 하나님의 사랑을 생활 속에서 실천하는 방법을 보여주고 있기 때문입니다.

첫째, 항상 문제아로 주목되는 지체를 사랑하는 문제입니다. 바울은 정죄보다는 돌아봄을 강조합니다. 즉 규모없는 자들을 정죄하는 것이 아니라, 오히려 그들을 권면하고 훈계하는 관심을 가지는 것입니다. 영적 게으름에 빠져 있는 지체를 깨우치는 일은 '사랑'입니다. 또한 영적으로, 도덕적으로 무력해 있는 지체들을 붙들어 주는 것, 그리고 손해를 끼치는 사람일지라도 용납해주는 것들도 사랑입니다. 공동체의 화목은 "격려와 위로와 훈계 그리고 용납"이 적절하게 사용될 때 가능합니다. 화목은 상처입은 가정과 교회를 치료합니다. 사랑은 부정을 긍정으로, 고통을 기쁨으로, 낙심을 소망으로 바꾸어 줍니다.

둘째, 모든 상황 속에서 하나님의 뜻을 행하는 문제입니다. 하나님의 뜻은 외적인 환경에서는 기뻐할 만한 조건이 하나도 없을지라도 "그리스도와 함께 있다는 것" 때문에 기뻐하는 것입니다. 그리스도인의 고난은 참 기쁨의 근원이 되시는 예수 그리스도를 아는 지식이 깊어지게 하는 계기를 마련해줍니다. 또한 하루 종일 기도하는 마음으로는 사는 것이 하나님의 뜻입니다. 항상 하나님을 의지하는 삶의 자세를 말합니다.

마지막으로 하나님의 뜻은 어떤 환경에서든지 모든 일을 합력하여 선을 이루시는 하나님의 주권을 바라보고 **"범사에 감사하는 것"**입니다.

기억하십시오. "사랑하는 것", "기뻐하는 것" "기도하는 것", "감사하는 것"은 모든 것을 다스리시는 하나님의 주권을 인정하는 것입니다. 친히 우리를 온전히 거룩하게 하시는 평강의 하나님만 구하십시오. 하나님은 주의 재림 때까지 우리의 온 영과 혼과 몸을 보존하시기 위해, 그리고 때로는 우리가 반복적으로 범하는 죄의 습관을 제거하시기 위해서 모든 종류의 외적 내적 고통과 슬픔을 허용하십니다. 또한 고통의 시간을 통하여 주의 약속들을 기다리게 하시고 기도하게 하십니다. 하나님의 약속된 선물들을 귀히 여기도록 가르치시기도 합니다. 신실하신 그분만을 구하십시오.

프리셉트 추천 도서

감정치유의 6단계

사람들은 누구나 자기 감정의 통제를 원한다. 하지만 감정을 이루는 요소는 너무나 다양하며 감정에 있어 문제를 가지고 있지 않은 사람은 단 한 명도 없다. 이 책은 감정이 건강해질 수 있는 방법을 소개하고, 치료와 회복을 통해 하나님의 훌륭한 종으로 성장할 수 있도록 돕는다. ▷ 데이비드 클락 저 | 10,000원

축복의 통로

지금도 우리는 매일 같이 말을 사용하여 하나님께 무언가를 구하고 있다. 그렇다면 우리의 삶에 유익한 것들을 구하는 것은 죄가 될까? 전혀 그렇지 않다. 본서를 통해 믿음으로 축복을 누리는 방법을 배워보라. ▷ 래리 허커 저 | 9,500원

영적전투의 전략

예수 그리스도께서 이미 얻은 승리를 함께 누리고 있는 그리스도인은 얼마나 될까? 본서는 사탄이 그리스도인을 무너뜨리기 위해 사용하는 주요 전략을 공개하며 동시에 오늘날 영적 전투의 현장에서 적용 가능한 성경적 가르침을 알려준다.

▷ 워렌 W. 위어스비 저 | 7,500원

리더가 저지르기 쉬운 10가지 실수

리더는 시행착오를 통해 만들어진다. 그러나 잘못된 리더는 자신의 문제가 무엇인지도 모르고 그것을 교정해야 할 필요성도 인식하지 못한다. 잘못된 지도력은 잘못된 리더를 양산해낼 뿐이다. 저자 한스 핀젤은 바로 그런 리더들을 위해 이책을 썼다.

▷ 한스 핀젤 저 | 값 5,000원

프리셉트 추천 도서

Precept Classic ❹

인류 최고의 고전 그리스도를 본받아

성경과 천로역정 다음으로 가장 많이 읽혀지고 사랑받는 책! 마틴 루터, 존 뉴턴 같은 영적 거장들을 포함한 수많은 사람들의 삶을 변화시킨 이 책은 현대를 살아가는 우리들에게도 시대를 초월한 감동을 선사할 것이다. ▷ 토마스 아 켐피스 저 | 10,500원

Precept Classic ❺

앤드류 머레이의 하늘문을 여는 기도

영적 생활이 진부하고, 건조하게만 느껴지는가? 신령한 기도를 통해 일하시는 놀라운 성령의 역사가 오늘 당신을 통해 이루어질 것이다. ▷ 앤드류 머레이 저 | 9,000원

Precept Classic ❻

찰스 스펄전의 은혜

주님을 알지 못하는 이들에게는 믿음과 은혜를, 오랜 신앙 생활에 익숙해져 있는 이들에게는 회복과 구원의 감격을 불러일으킬 것이다. 당신의 삶과 환경에 변화를 일으키시고, 당신의 모든 필요에 해답을 제시하시는 주님의 음성에 귀 기울이라.

▷ 찰스 H. 스펄전 저 | 10,000원

Precept Classic ❼

현대인을 위한 예수님이라면 어떻게 하실까?

110여 년의 세월을 관통하는 위대한 질문을 통해 우리는 자신의 삶을 다시 한번 돌아보게 될 것이다. 우리의 삶에서 '예수님이라면 어떻게 하실까'를 먼저 생각한다면, 우리는 이미 주님의 발자취를 따라가는 삶을 살고 있는 것이다. ▷ 찰스 M. 쉘던 저 | 11,000원

PRECEPT BOOK LIST

Ⅰ. 리더십 · 성공

1 리더가 저지르기 쉬운 10가지 실수 한스 핀젤
2 리더십의 고지, 이렇게 점령하라! 김경섭
3 성공의 삶을 디자인하라 피터 허쉬
4 성공의 7가지 장애 김병삼
5 참된 성공에 이르는 비결 데이비드 쇼트
6 파워 리더 게리 R.콜린스
7 파워 리더 여호수아 김경섭
8 파워 리더 느헤미야 김경섭
9 모세 지도력의 비밀 김경섭
10 명품리더십 김병삼
11 사사열전 김경섭

Ⅱ. 영성 · 자기 계발

1 감동을 창조하는 인간관계 윌리엄 J.디엄
2 강한 그리스도인이 되는 12가지 원리 박종신
3 까다로운 사람들과 함께 만드는 교향곡 윌리엄 J.디엄
4 당신은 건강한 그리스도인인가? R.C. 스프롤
5 그리스도인의 승리방정식 김연택
6 당신은 포로인가? 프로인가? 스트레스 토마스 화이트맨 외
7 복 있는 사람 고신일
8 성경적 E.Q 개발 크리스 터만
9 세상을 이기는 그리스도인 김연택
10 올해를 최고의 해로 만드는 52가지 방법 토드 템플
11 운명의 사슬에 도전하라 강경민
12 영적싸움에서 승리하는 비결 케이 아더
13 영성 회복을 위한 7가지 열쇠 스티브 아터번 · 데이빗 스툽
14 인생의 길을 묻는 그대에게 제임스 돕슨
15 지혜로운 생테크 이렇게 하라 웨인 슈미트
16 축복의 언어 존 트렌트 · 게리 스몰리
17 흔들리지 않는 믿음 엘리자베스 엘리엇
18 온전한 순종 앤드류 머레이
19 D.L. 무디의 Secret Power D.L. 무디
20 고통의 의미 케이 아더
21 소망 케이 아더
22 하나님을 향한 마음 케이 아더
23 하나님의 주권 케이 아더
24 비전의 힘 마일즈 먼로
25 O. Sanders의 영적성숙 J. 오스왈드 샌더스
26 축복의 통로 래리 허커
27 너무도 소중한 나 짐 심발라 · 딘 메릴
28 찰스 스펄전의 은혜 찰스 스펄전
29 영적 전투의 전략 워렌 W. 위어스비

Ⅲ. 가정 · 상담 · 치유

1 남성, 그 위대성의 본질 제임스 돕슨
2 마음 아픈 이들을 위하여 에이미 로스 멈포드
3 사랑은 강인해야 한다 제임스 돕슨
4 상처 입은 영혼의 치유 알프레드 엘스
5 성, 그 끝없는 유혹 케이 아더
6 숨겨진 상처를 드러내라 레스 카터 · 프랭크 미너쓰
7 아내 학대, 그 치유와 소망 준 헌트
8 아내를 사랑하는 10가지 방법 한스 핀젤
9 용기가 필요한 믿음의 여인들 레브라 에반스
10 행복한 결혼생활의 비결 케이 아더
11 우리 시대의 아픔과 사랑이야기 오성춘
12 영적치유 케이 아더
13 자녀를 하나님의 사람으로 만드는 43가지 지혜
앤드류 머레이
14 하나님의 세미한 음성 케이 아더
15 주님, 내 중심에 말씀하소서 케이 아더
16 자녀와 함께 드리는 가정예배 프리셉트성경연구원
17 자녀들에게 들려주는 성 이야기 시리즈
(취학 전 아동, 초·중·고등학생) 존스 부처
18 감정 치유의 6단계 데이비드 클락

Ⅳ. 묵상 · 성경공부

1 묵상, 그 주체할 수 없는 기쁨 오대희
2 수험생을 위한 100일 묵상 프리셉트성경연구원
3 큐틴즈 양희만 · 이재학
4 일년일독 매일 묵상 주경로
5 입시생을 위한 묵상 김우영
6 큐티 첫걸음 프리셉트성경연구원
7 효과적인 경건의 시간 케이 아더

Ⅴ. 어린이 · 청소년

1 놀라운 성경탐험 메리 홀링스워스
2 말씀으로 치유되는 십대들의 고민 50가지 필 첼머스
3 믿음이 쑥쑥 자라고 있어요 존 맥아더
4 예수님이라면 어떻게 하실까요? 찰스 쉘던
5 나의 사랑하는 성경(구약, 신약) 오대희
6 프리셉트 어린이 영어찬양 프리셉트성경연구원
7 하나님은 너를 사랑해 요한스미스 · 헬레나 스미스
8 파란 눈의 중국인 선교사 허드슨 테일러 캐서린 맥켄지
9 고아들의 영웅 조지 뮬러 아이린 호왓
10 이야기 그림 성경 엘시 이거마이어

Ⅵ. 기도 · 신앙생활

1 기도하는 엄마들 펀 니콜스
2 기도하십니까? 후안 카를로스 오르티즈
3 너무너무 궁금한 질문 101가지 웨인 데이빗
4 교회, 처음 오셨어요? 윤지현
5 삶을 변화시킨 끄웨르바 이야기 김연수
6 아브라함의 생애 이규봉
7 홍정길 목사의 301가지 감동스토리 Ⅰ 홍정길
8 홍정길 목사의 301가지 감동스토리 Ⅱ 홍정길
9 앤드류 머레이의 하늘문을 여는 기도 앤드류 머레이
10 왜 다윗인가? 강경민
11 언약, 신실하신 하나님의 약속 케이 아더
12 신앙생활 ABC 박광철
13 하나님, 솔직히 돈이 좋아요 김병삼
14 효과적인 복음전도 이렇게 하라 더글라스 포터
15 그리스도의 가상칠언 김경섭
16 하나님을 미소짓게 하는 이야기 김병삼
17 하나님을 눈물나게 하는 이야기 김병삼
18 희망을 노래하는 소나타 고신일
19 삶을 변화시키는 성령의 능력 해롤드 힐
20 인류 최고의 고전 그리스도를 본받아 토마스 아 켐피스
21 예수님이라면 어떻게 하실까? 찰스 쉘던

Ⅶ. 목회 · 교회 · 교육

1 건강한 교회와 예배 김연택
2 교육전도사 매뉴얼 정삼희
3 교회 인사 행정론 김경섭
4 교회성장의 한계 이렇게 돌파하라 칼 죠지
5 목회 혁신 라일리 쉘러
6 너희 마음의 소원을 이루리로다 홍정길 · 이동원 외
7 감사의 향기 홍정길 · 이동원 외
8 가장 귀한 선물 홍정길 · 이동원 외
9 미래를 위해 영어로 설교를 준비하라 김연택
10 성경이 말하는 방언 케이 아더
11 귀납적 성경연구 방법 케이 아더
12 성경을 효과적으로 가르치는 비결 케이 아더
13 예수 믿지 않는 사람들의 눈에 비친 교회 김병삼
14 열린 예배? 현대 예배! 김병삼
15 파워! 전도중심교회 김상현
16 영어성경으로 영어를 마스터하자 이용태
17 올드 앤 뉴 김우영 · 김병삼
18 장로교와 감리교 무엇이 다른가? 김우영
19 심방설교 핵심파일 프리셉트성경연구원
20 존 스토트 설교의 원리와 방법 안병만
21 청중을 사로잡는 설교자 캘빈 밀러
22 파워 설교 레그 그랜트 · 존 리드
23 팀사역 래리 길버트
24 팀으로 이끄는 교회 웨인 코디로
25 한국교회 목회자를 깨운다 김연택
26 원어로 여는 성경 안유섭
27 원어로 여는 로마서 1 안유섭
28 원어로 여는 로마서 2 안유섭
29 팀 시리즈 래리 길버트
30 하나님의 존재증거 케네스 보아 · 로버트 바우만
31 어린이들을 예수님께로 데이빗 스탈
32 십대를 변화시키는 라이프코칭 로저 크로스
33 진리를 갈망하다 래비 재커라이어스
34 나의 나 된 것은 하나님의 은혜라 케이 아더
35 하나님 이름에 숨겨진 비밀 케이 아더
36 네트워크 은사발견 사역 빌 하이벨스
37 위대한 교사 위대한 리더 게리 브레드펠트
38 성경길잡이 케이 아더
39 어린이 전도행전 홍영순

High 데살로니가전서

Precept

저　자 | 김경섭, 장예지

초판 1쇄 | 1995년 12월 15일
개정판 1쇄 | 2010년 3월 31일

발 행 인 | 김경섭
국제국장 | 최복순　　총　무 | 김상현
기획국장 | 김현욱　　사무실장 | 박석진
사 역 부 | 박은아(팀장), 이현정, 전해권　　서 적 부 | 임세희
편 집 부 | 박미정(팀장, 편집), 최필순, 조연혜, 박한나, 이준일(디자인)

발 행 처 | 프리셉트선교회
등록번호 | 108-82-61175
일부총판 | (사) 두란노 서원 Tel. (02)2078-3333 Fax. 080-749-3705
인　쇄 | 예원프린팅

주　소 | 서울시 동작구 사당 5동 190-220 (우) 156-095
전　화 | (02) 588-2218　　팩　스 | (02) 588-2268
홈페이지 | www.precept.or.kr
국민은행 772-21-0310-382(김경섭)

값 2,800원
ISBN 978-89-8475-436-2
ISBN 978-89-8475-339-6 04230 (세트)
독자 여러분의 의견을 기다립니다.
독자 전화 (02) 588-2218 / precept67@chol.com